Lieblings VERSE aus DEM·B·U·C·H der Psalmen

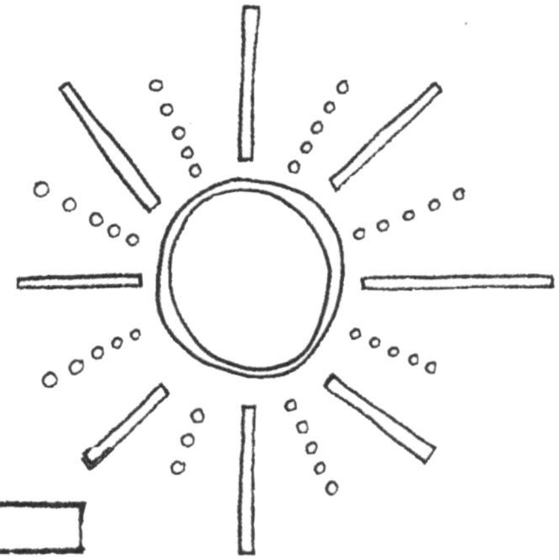

EIN AUSMALBUCH

camino.

gemeinsam auf dem Weg

Lieblings VERSE aus DEM·B·U·C·H der Psalmen

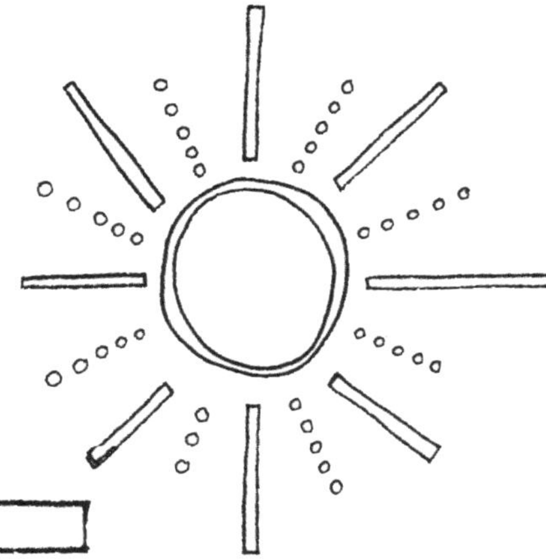

Illustrationen von Anna-Katharina Stahl

camino.

DeNN BEI DIR
IST
die Quelle
DES
Leben

IN DEINEM LICHT SCHAUEN

WIR DAS

Aus welchen Quellen schöpfe ich Energie für meinen Alltag?

Ps 36,10

Sei
GOTT
ALLEIN

WIRD ruhig MEINE Seele.

PS 62,2

Wann empfinde ich vollkommene Ruhe?

Der Herr ist mein Hirt, nichts wird mir fehlen

er lässt mich lagern

auf

grünen Auen

&

führt mich zum

RUHEPLATZ

am

WASSER

Ps 23,1-2

Wo ist mein Lieblingsort am Wasser?

AUCH

DIE FINSTERNIS IST NICHT FINSTER VOR DIR

Wo ist für mich Gottes Licht spürbar?

Ps 139,12

DIE NACHT leuchtet
wie
DER TAG.

Was lässt mich heute jubeln?

IM
SCHATTEN
DEINER
Flügel

DEIN
ist
der
TAG

Wann habe ich heute Licht-, wann Schattenseiten des Tages erlebt?

in Deiner

STEHT

meine

ZEIT.

HAND

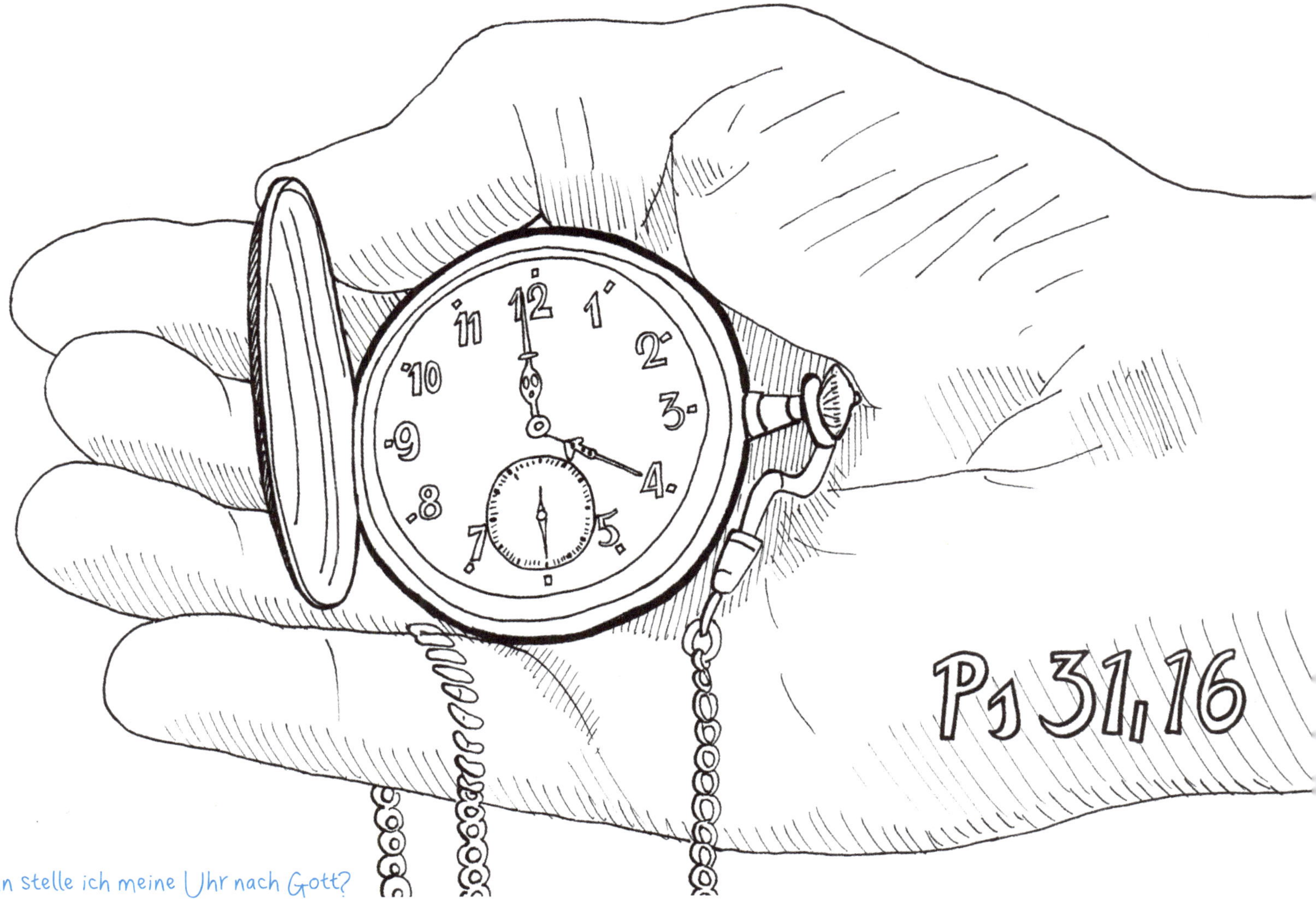

Wann stelle ich meine Uhr nach Gott?

DU lässt
mich
den
WEG de
erke

FREUDE

in Fülle

vor deinem Angesicht

Lebens

nnen.

Ps 16,11

Wie sieht mein Lebenstraum aus? Bin ich auf dem richtigen Weg?

DER
HERR
IST
mein
LICHT
&
mein
HEIL

vor WEM sollte ich mich FÜRCHTEN

Welchen Ängsten will ich mich endlich stellen?

...

Ps 27,1

DENN ER
befiehlt
seinen
Engeln

DICH ZU BEHÜTEN

Ps 91,11

Für welche Aufgaben und Lebenssituationen brauche ich besonderen Schutz?

Gott
IST
uns
Ps46,2
UND
ZUFLUCHT
STÄRKE

Was sind meine Anker in den Stürmen des Lebens?

Ps 46,2

“
ERFORSC
mich
GOTT

Wie kann ich mich für Gott öffnen?

HE

UND

GROSS

IST

ü·b·e·r

MIR

Wie kann ich heute Gottes bedingungslose Liebe weitergeben?

Diesen Situationen will ich heute in Gelassenheit und mit weitem Herzen begegnen:

reicht
DEINE
Treue
bis zu
den
WOLKEN
Ps 36,6

BEFIEHL
DEM
HERRN
deinen
Weg

VERTRAU IHM

er wird es fügen

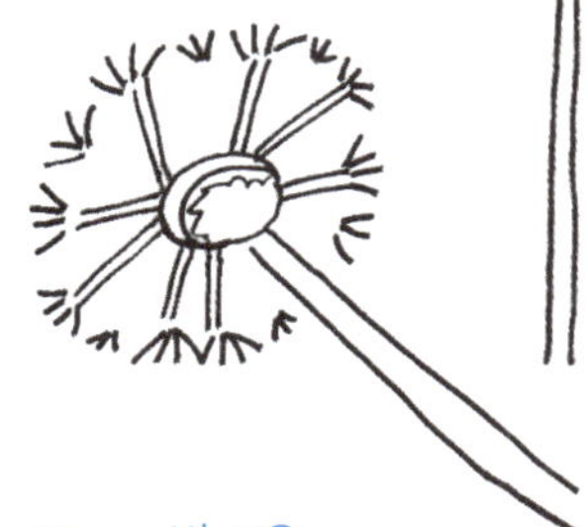

Habe ich gerade eine Entscheidung getroffen, die ins Ungewisse führt?

Ps 37,5

DIE mit Tränen SÄEN

Wann habe ich eine tränenvolle Erfahrung erlebt, durch die ich noch mehr jubeln konnte?

werden
mit
JUBEL
ERNTEN
PS 126,5

MIT MEINEM
GOTT
übersp

Welche Mauern habe ich mit Gottes Hilfe schon überwunden?

DU legst MIR

Liste meiner kleinen und großen Freuden des Alltags:

GRÖSSERE
Freude
INS
HERZ
Ps 4,8

Du
HERR
HAST
keinen
der
VERLA

Schreib hier deine Sorgen nieder und wandle sie in Gebetsanliegen.

erschaffe mir Gott ein reines Herz

Wo brauche ich vielleicht Erneuerungen? Nach welcher Veränderung sehne ich mich?

einen

FESTEN Geist

erneuere

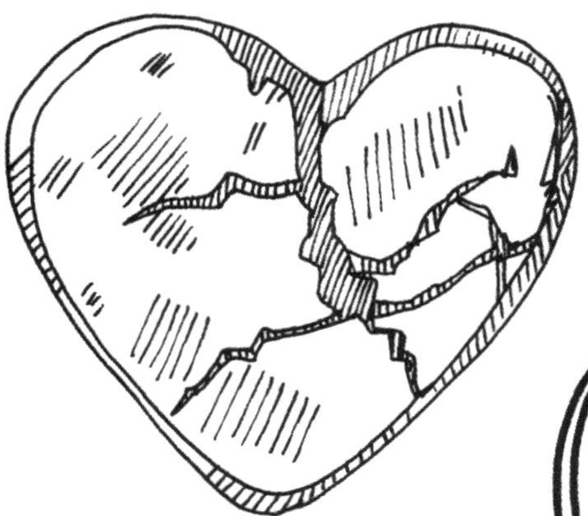

in meinem

INNERN

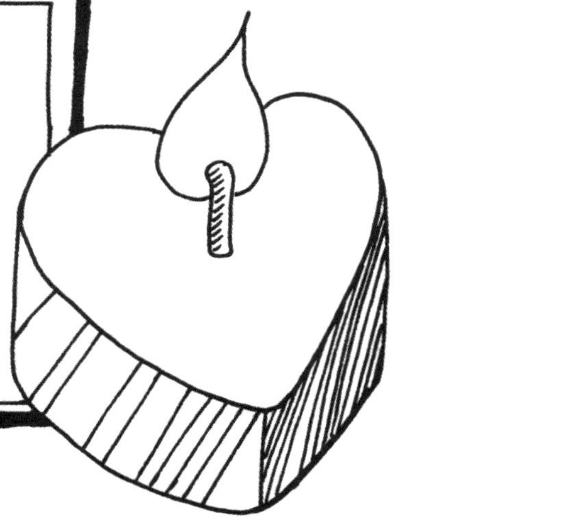

Ps 51,12

DER
HERR
mein
Gott

MACHT meine Finsternis

hell.

Ps 18,29

Welche sind meine dunklen Seiten?

schenke
ER
dir
WAS
DEIN
HERZ
begehrt

& ER ERFÜLLE ALL DEIN PLANEN

Ps 20,5

Meine Herzenswünsche:

meine

DU

STÄRK

In diesen Situationen traue ich mich, um Hilfe zu bitten:

eile

MIR

zu

HILFE

Ps 22,20

Der
HERR
ist meine
KRAF

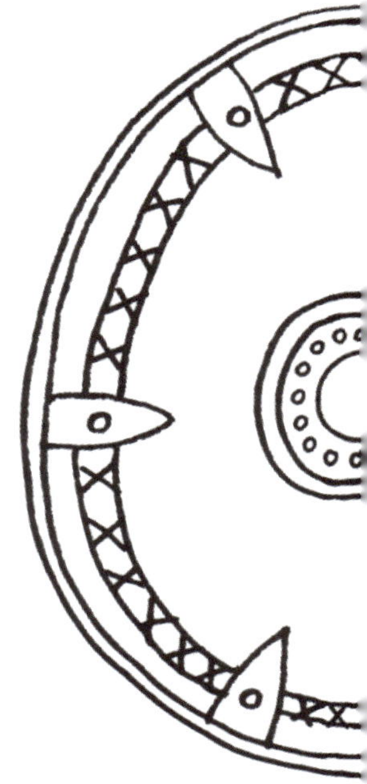

Ps 28,7

Was ist mein göttliches Schutzschild im Alltag?

Der Engel

In welchen Situationen kann ich ein Engel für andere sein?

des Herrn
HIRMT
PS 34,8
die ihn
FÜRCHTEN

MEIDE
DAS BÖSE

Meine gute Tat für heute:

WIE · DER
Hirsch
lechzt
nach
FRISCHEM

WASSER

SO LECHZT MEINE

Seele

NACH

DIR GOTT

Ps 42,2

Wo finde ich durstlöschende Quellen, um der Beanspruchung des Alltags standzuhalten?

„mein Mund spreche weise WORTE“

Bedenke ich immer im Herzen, was ich ausspreche?

was
mein Herz
ersinnt
sei
voller Einsicht
Ps 49,4

Wo spüre ich meinen persönlichen göttlichen Schatten?

der
Herr
gibt
DIR
— Ps 121,5 —
SCHATTEN

Was heißt Treue für mich?
Stehe ich immer zu meinem Wort?
Können sich andere auf mich verlassen?

UND
ALLE
Deine
GEBOTE
sind
TREUE
Ps
119
151

IMPRESSUM

1. Auflage 2017
Ein CAMINO-Buch aus der

Illustration und Gestaltung: Anna-Katharina Stahl, Stuttgart
Impulsfragen: Michaela Mokry, Stuttgart
Druck: Finidr s.r.o., Český Těšín, Tschechische Republik

ISBN 978-3-96157-015-7